Schmerz - Gedanken
Lexikon

Frank Albrecht und Yasemin Iven

Schmerz - Gedanken

Lexikon

Edition - Es geht nur um Energie.

In der Edition – Es geht nur um Energie
erscheinen weitere Titel zum Thema „Die Entstehung von
Schmerz und Krankheit durch die Gedanken anderer
Menschen". Sie sind überall erhältlich, wo es Bücher gibt. Sie
finden uns im Internet unter: www.EsGehtNurUmEnergie.de

Bibliografische Informationen
Der Deutschen Nationalbibliothek
Die Deutsche Nationalbibliothek verzeichnet diese
Publikation in Der Deutschen Nationalbibliografie;
detaillierte bibliografische Daten sind im Internet über
http://dnb.d-nb.de abrufbar.

ISBN: 978-3-8370-0199-0
1. Auflage   Ref.: 70821
© 2007 by Frank Albrecht
Herstellung und Verlag: Books on Demand GmbH,
Norderstedt

Wer Rechtschreibfehler in diesem Buch findet, darf sie
behalten.

Inhalt

Einleitung

Wenn ein Mensch krank geworden ist, sucht er schnell nach einer Lösung seines Problems. Ist die Krankheit nicht allzu schwer, nimmt er sich vermutlich ein medizinisches Buch, forscht im Internet oder befragt Bekannte und Verwandte. Kann er sich nicht selbst heilen, geht er zu einem Arzt. Was aber, wenn der Arzt keine Lösung parat hat?

Bei Pruritus sine materia (Juckreiz ohne sichtbare Hautveränderung), Migräne, Kopfschmerzen, Rückenschmerzen, Herzschmerzen und Fibromyalgie (Weichteilrheumatismus) rätseln Wissenschafter immer noch. Die meisten Menschen mit derartigen Schmerzen leiden jahrelang, ohne eine Lösung zu finden.

Wir sind bei unseren Forschungen immer wieder auf einen Zusammenhang zwischen den Schmerzen des einen Menschen und den Gedanken des anderen Menschen gestoßen. So kam es, dass wir uns dazu Notizen machten. Im Laufe der Jahre ist diese Liste auf über 100 mehrfach bestätigte Stichworte angewachsen.

Heute wissen wir - Schmerzen werden durch die Gedanken anderer Menschen ausgelöst. (Nicht gemeint sind hier die Folgen von Verletzungen durch physische Trauma.)
Wer sich in der Parapsychologie auskennt, nennt dieses Phänomen Biokinese.
Biokinese ist die psychokinetische Einflussnahme des Bewusstseins auf biologische Systeme zur Auslösung von Krankheiten auf stofflicher Ebene.

Hinweise zur Benutzung des Lexikons

1. Bitte lassen Sie sich bei gesundheitlichen Problemen von Ihrem Hausarzt oder einem anderen medizinischen Fachmann gründlich untersuchen.
2. Die Autoren geben in diesem Buch keinen medizinischen Rat. Besprechen Sie alles, was Sie tun, vorher mit Ihrem Arzt.
3. Sie haben das Recht sich selbst zu heilen.
4. Wir verwenden in diesem Lexikon Slang und auch Gassenjargon, weil es hier um reale Gedanken und Umgangssprache geht.
5. Wir haben viele Fragen mit „du", „sie" und „er" verwendet. Selbstverständlich können Sie diese Personalpronomen durch „sie" oder „ihr" ersetzen.
6. Egal, ob die Beispiele aus männlicher oder weiblicher Perspektive beschrieben worden sind, der Sinn bleibt derselbe.
7. Im Lexikon steht erst der Begriff, Ort oder Zone an dem ein körperliches Problem auftritt, dahinter stehen einige Fragen und Gedanken, mit denen andere Menschen das Problem auslösen.

8. Hinweise sind eingerahmt.

9. Tatsachenberichte sind Grau hinterlegt

10. Die Namen und Orte in den Tatsachenberichten wurden von den Autoren geändert.

Lexikon

1. Chakra

Siehe: After, Damm, Genitalien oder bei dem Organ, das hinter/unter/neben der entsprechenden Hautstelle liegt.

2. Chakra

Siehe: Bauch, Kreuz, Nieren oder bei dem Organ, das hinter/unter/neben der entsprechenden Hautstelle liegt.

3. Chakra

Siehe: Bauch, Magen, Nieren oder bei dem Organ, das hinter/unter/neben der entsprechenden Hautstelle liegt.

4. Chakra

Siehe: Brust, Herz, Rücken oben oder bei dem Organ, das hinter/unter/neben der entsprechenden Hautstelle liegt.

5. Chakra

Siehe: Hals, Kehlkopf, Schultern oder bei dem Organ, das hinter/unter/neben der entsprechenden Hautstelle liegt.

6. Chakra

Siehe: Gesicht, Hinterhaupt, Kopf oder bei dem Organ, das hinter/unter/neben der entsprechenden Hautstelle liegt.

7. Chakra

Siehe: Gehirn, Kopf, Migräne oder bei dem Organ, das hinter/unter/neben der entsprechenden Hautstelle liegt.

A

Ader

Hast du eine Ader dafür?
(Kannst du das?)
Hast du dafür ein Äderchen?
(Talent)
So ein Äderchen möchte ich
auch haben.

ADHS

(Aufmerksamkeitsdefizit-
syndrom – Hyperaktivität)
Ich will, dass du aufmerksam
bist.
Du sollst auf das hier aufpas-
sen.
Konzentriere dich.
Warum bist du so unauf-
merksam?

After

Siehe: Damm, Schließmuskel.

Akne

Siehe auch im Herzbereich
vorn/hinten: Herz.
Im Kopfbereich: Kopf.

altern

Ich liebe dein jugendliches
Aussehen.
Mann, siehst du alt aus.
Warum wirst du so schnell
alt?
Ich will auch so jung und
schön aussehen wie du.

Angeberei

Sagst du mir auch die
Wahrheit?
Ich will, dass du die Wahrheit
sagst.
Übertreibst du nicht ein
wenig?

Angst

Hast du Angst?
Was fühlst du?
Wie fühlst du dich?
Ich mache mir Sorgen um
dich.
Oh Gott, was hast du?
Fühlst du Liebe?
Ich will dich haben.
Siehe auch: Bauch,
Depression,
Fortpflanzungsorgane,
Gehirn, Herz, Kopf.

Ali ist Arbeiter in einer Fabrik. Er hat Angstgefühle und fühlt sich „wie in einen dunklen Strudel hineingezogen". Er schreibt diese Erlebnisse mit Datum und Uhrzeit in ein Schmerz-Gedanken -Tagebuch. Wenig später erfährt er, dass genau zu Zeiten an denen er Angstgefühle hatte, seine Arbeitskollegen beim Chef schlecht über ihn geredet haben. Während sich Alis Kontrahenten in der Fabrik neue Attacken ausdachten, fühlte Ali wieder zeitgleich diese Ängste. Diese Ängste hielten an, bis Ali sich gegen einen der böswilligen Hetzer zur Wehr setzte. Er bedrohte ihn mit Schlägen und trat ihn. Am selben Tag verschwanden Alis Ängste.

Angst, regelmäßig

Die beiden Buchautoren, Tanja und Matthias, haben werktags um 7:30 Uhr und am Wochenende um 9:00 Uhr starke Angstgefühle. Während die Angstgefühle von Matthias nur fünf Minuten andauern, leidet Tanja bis zu zwei Stunden. Über einen Monat kommen diese Angstgefühle regelmäßig. Tanja und Matthias beginnen sich zu sorgen und forschen nach den Ursachen. Sie analysieren die Gefühle, entdecken aber nur den zeitlichen Zusammenhang. Über Monate geht es so weiter. Manchmal kommen die Angstgefühle früher oder später. Nach über einem Jahr Angstgefühlen, meldet sich ein Leser ihres Buches, der sie einmal persönlich besucht hat. Nach kurzem E-Mail-Kontakt und einigen Telefonaten kommt Folgendes heraus:
Der Leser hat jeden Morgen begeistert in ihrem Buch gelesen und dabei an sie gedacht.
Nachdem der Leser dieses „Ritual" beendet hat, verschwinden die Angstgefühle. Ab und zu tauchen sie wieder auf.

Arm

Was machst du da?
Nimmst du mich auf den

Arm?
Kannst du das begreifen?
Begreifst du das?
Das musst du jetzt tragen.
Hast du Schmerzen am Arm?
Siehe auch: Oberarm, Unterarm.

Asthma

Warum pfeift deine Lunge so?
Bekommst du gut Luft?
Atmest du richtig?
Schadet der Zigarettenrauch nicht deiner Lunge?
Ich liebe dich so sehr.
Siehe auch: Brust, Herz, Lunge.

Atmung, schwer

Geht dir die Luft aus?
Bekommst du genügend Luft?
Siehe auch: Brust, Herz, Lunge.

Augen

Kannst du das nicht sehen?
Bist du blind?
Sieht sie mich?
Beobachtest du mich?

Kannst du mich sehen?
Was siehst du da?
Warum kuckst du so komisch?
Schielst du?
Was ist mit deinen Augen?
Was starrst du so?
Wie siehst du das?
Was meinst du dazu?
Ich will dir in die Seele schauen.

Martina sitzt im Intercityexpress und hat starkes Augenjucken. Sie blickt nach vorn in die benachbarte Sitzreihe und entdeckt, dass sie von einer Frau durch einen Spiegel beobachtet wird. Das Jucken verschwindet sofort, nachdem die Frau ihren Spiegel weggelegt hat.

Auge, rechts

Wie siehst du das?

Die Sekretärin Frau A. arbeitet am Schreibtisch. Kurz, nachdem sie ein starkes Jucken im rechten Auge fühlt, betritt der Chef das Büro und leitet ein längeres Gespräch mit dem Satz ein: „Sag mal, wie siehst du das?"

B

Bauch

Fühlst du dich wohl in dieser Stadt?

Fühlst du dich gut?

Ich will, dass du dich gut fühlst.

Fühlst du dich wohl hier in meinem Büro?

Was fühlst du?

Hast du Angst?

Welche Gefühle hast du?

Was blubbert da so in deinem Bauch?

Ist das schwer verdaulich?

Hast du eine gute Verdauung?

Warum bist du so dick?

Warum wird dein Bauch nicht dünner?

Warum hast du so einen hässlichen Bauch?

Timo hat Besuch von seiner Freundin Anna. Während sich beide unterhalten, überlegt er angestrengt: *Welche Gefühle hat sie für mich?* Wenig später beginnt Anna, über krampfartige Bauchschmerzen zu klagen. Sie beschreibt diese „wie Regelschmerzen".

Während Timo nun noch interessierter überlegt, was sie fühlt, werden ihre Schmerzen nahezu unerträglich.

*

Ein Mann sitzt bei seiner Beraterin im Arbeitsamt. Während sie seine Daten in den Computer tippt, bekommt er plötzlich Bauchschmerzen. Wenig später fragt sie ihn: „Fühlen Sie sich wohl hier bei uns im Saarland?"

Nachdem der junge Mann die Frage beantwortet hat, verschwinden seine Bauchschmerzen sofort.

*

Anne ist schon seit zwei Jahren nicht mehr mit Johann befreundet. Anne begibt sich in den Wald, um alte Verhaltensweisen und die Erinnerungen an die Beziehung loszuwerden. Zeitgleich fühlt Johann, der nun circa vierhundert Kilometer entfernt wohnt, an mehreren Stellen in seinem Bauch hell glimmendes Wohlgefühl.

Bein

Wohin gehst du?
Wo bist du?
Ich will nicht, dass du fortgehst.
Wohin willst du laufen?
Du bleibst hier!

> Alles, was mit den Beinen und dem Gehen zu tun hat.

Siehe auch: Fuß, Knie, Kniekehle, Schienbein, Wade.

Blinddarm

Siehe: Bauch.

Bronchie

Siehe: Brust.

Brust

Mag er mich nicht mehr?
Ich liebe diese Titten!
Ich will auch solche Brüste haben.
Hat die geile Möpse!
Ob diese Brüste echt sind?
Wo hat die denn ihre Brüste?

So große Brüste würde ich auch gerne haben.
Ob sie was dagegen hat, wenn ich ihre Brüste anfasse?
Ich tue dir jetzt etwas sehr Gutes.
Ob sie Schmerzen in der Brust hat?
Hat sie schöne Brüste?

Die Sekretärin Frau A. kann ihren Chef gut leiden. Der Chef hingegen will viel mehr und schenkt Frau A. zu Weihnachten ein Paar Ohrringe. Da Frau A. weiß, worauf das hinausläuft, lehnt sie das Geschenk dankend, als „viel zu persönlich" ab.
Der Chef versteht diese Reaktion überhaupt nicht, schließlich hat seine Frau die Ohrringe mit ausgesucht. Nach Gesprächsende vermutet Frau A. dass der Chef sie nun nicht mehr mag und hat große Angst davor, gekündigt zu werden. Kurze Zeit später fasst sich der Chef an seine Brust, krümmt sich vor Schmerzen und sagt: „Ich habe plötzlich ganz starke Brustschmerzen."

Siehe auch: Herz, Brust links, Brust rechts.

Brust, rechts

Ich will dir etwas sagen.
Was willst du sagen?

> Alles, was mit liebevoller und netter Kommunikation zu tun hat.

Siehe auch: Brust.

Brust, links

Hat dein Herz alles, was es braucht?

Ina hat seit langem ein Stechen im unteren Bereich der linken Brust. Jetzt hat sie dort eine Verhärtung festgestellt. Ihr Mann ist ihr sehr zugetan und denkt oft: *Ob ihr Herz alles hat, was es braucht?*

Siehe auch: Brust, Herz.

Brustwarze

Hast du ein Piercing?
Siehe: Brust.

D

Damm

Ich nehme dir alles weg, was du hast.
Gegen mich hast du keine Chance.
Ich suche, finde und nehme dir alles weg.

Herr Müller sucht nach Möglichkeiten, seinen Kollegen Herr Schulze zu demütigen, tief zu beleidigen und ihn von seinem Arbeitsplatz zu vertreiben. Zeitgleich hat Herr Schulze, eine großflächige, stark jukkende Entzündung im Schritt. Sie bleibt, trotz Behandlung, vier Monate. Sie verschwindet innerhalb weniger Tage, nachdem Herr Schulze, Herrn Müller, aus Wut fest in den Hintern getreten hat.

*

Bert Maskel ist in der ganzen Firma gut bekannt. Sein Wortschatz besteht aus: Wichser, Arschgeburt, schwule Sau und anderen derben Beleidigungen auf unterstem Niveau.

Der Reihe nach nimmt er sich die Kollegen vor.

Als Herr Schulze dran ist, bekommt dieser eine großflächige, stark juckende Entzündung im Schrittbereich. Sie verschwindet, nachdem er entlassen worden ist.

Darm

Siehe: Bauch, Organe innere.

Depression

Ich will auch so locker sein, wie der da.

Warum bist du so traurig?

Der ist einfach perfekt. So will ich auch sein.

Ich will auch, dass es mir so gut geht.

Ich will auch so frei sein, wie der da.

Ich liebe dich.

Ich liebe einfach alles an dir.

Ich will ihm helfen.

Was kann ich bloß noch für sie tun?

Zu schweren depressiven Einbrüchen kann es kommen wenn:

1. Kollegen oder Nachbarn über Sie Witze reißen oder hinter Ihrem Rücken über Sie lästern.
2. Ihnen jemand unbedingt etwas berichten oder zeigen möchte.
3. Vorgesetzte eine große, sehr wichtige Aufgabe für Sie haben, es Ihnen aber noch nicht gesagt haben.

Frau M. hat in ihrem vierzehntägigen Weihnachtsurlaub starke Depressionen und das Gefühl ungeliebt zu sein. Gleichzeitig freut sich ihr Kollege Herr K. sehr darauf, sie wiederzusehen, ihr seine Fotosammlung zu zeigen und einen „tollen" Witz über ihren entflogenen Rosellasittich zu machen. Erst als er sie im neuen Jahr wieder sieht und den Witz erzählt hat, verschwinden die Depressionen und der Liebesmangel bei Frau M. umgehend.

Siehe auch: Angst, Bauch, Brust, Haut, Kopf.

17

Dickdarm

Siehe: Bauch, Organe innere.

Dünndarm

Siehe: Bauch, Organe innere.

E

Eichel

Siehe: Penis.

Eierstock

Hast du heute deinen Eisprung?
Kannst du schwanger werden?
Könntest du heute schwanger werden?
Willst du schwanger werden?
Warum kannst du keine Kinder bekommen?
Bist du unfruchtbar?
Warum wirst du nicht schwanger?
Warum bist du unfruchtbar?
Siehe auch: Gebärmutter.

Eileiter

> Alles, was mit Zeugung zu tun hat.

Siehe: Eierstock, Gebärmutter.

Ellbogen

Bist du rücksichtslos?
Gebrauchst du deine Ellbogen, um vorwärtszukommen?

Erkältung

Siehe: Brust, Hals, Herz, Lunge.

E

Fibromyalgie

Mich interessiert alles an dir.

> Hier treffen viele verschiedene Fragen zu. Sehen Sie unter dem entsprechenden Körperteil nach.

Fieber

Siehe: Gesicht, Kopf.

Finger

Hast du gestohlen?
Was hast du dir genommen?
Was tust du da?
Warum bewegst du die Finger so langsam/schnell?
So etwas möchte ich auch malen können.
Was kannst du alles?
Ich will mit den Fingern auch so schnell sein.
Was brennt dir auf den Nägeln?
Siehe auch: Hand, Handgelenk, Ringfinger.

Frigidität

Ich will, dass du mit mir Spaß beim Sex hast.
Ich will, dass du mit mir schläfst.
Ich liebe deine Vagina.
Ich mag es, wenn du einen Orgasmus hast.
Ich will in dir drin sein.

Fuß

Wo bist du gerade?
Wie stehst du zu dieser Aussage?
Wie stehst du dazu?
Stehst du oder sitzt du?
Wo gehst du jetzt lang?
Wohin gehst du?

Die Sekretärin Frau D. raucht heimlich auf der Damentoilette eine Zigarette. Sie bekommt starken Juckreiz am rechten Fuß. Als sie wieder zurück in ihr Büro kommt, wird sie dort schon von zwei Kollegen dringend erwartet.

Siehe auch: Fußsohle, Zeh.

Fußsohle

Wo bist du?
Wann kommst du nach Hause?

Claudia und Christian gehen zusammen einkaufen. Um genau 14:00 Uhr bemerkt Christian ein starkes Stechen an seiner rechten Fußsohle. Am nächsten Tag kommt ein Freund zu Besuch, der unter anderem sagt: „Gestern gegen 14:00 Uhr, habe ich die ganze Zeit überlegt, wo du bist."

Siehe auch: Fuß.

G

Gallenblase

Siehe: Bauch, Organe innere.

Gebärmutter

Bist du schwanger?
Warum hast du keine Regelblutung?
Hast du wieder Regelschmerzen?
Tut dir etwas im Bauch weh?
Hast du schon ein Kind?
Siehe auch: Bauch.

Gebärmutterhöhle

Siehe: Bauch, Gebärmutter, Organe innere.

Gehirn

Was denkst du?
Was denkst du über …?
Was geht in deinem Kopf wirklich vor?
Überanstrengt das dein Gehirn?
Was hast du denn im Kopf?
Was weißt du genau darüber?
Bist du hinterlistig?
Bist du durchtrieben?

Alles, was mit Denken zu tun hat.

Gelenke

Wie gelenkig bist du?
Oh, so gelenkig will ich auch sein.
Was machst du da mit deinen Gelenken?
Schadet das nicht deinen Gelenken?

Genitalien

Bist du ein Mann?
Ist das eine Frau?
Bist du sauber?
Willst du Sex?
Hast du auch keine Geschlechtskrankheit?

Pino hat beim Wandern mit seiner Freundin Dörte die Idee mit ihr in einer Berggrotte zu campen. Wenige Sekunden später bekommt Dörte Juckreiz an der Vagina. Aufgrund dieses Juckreizes überlegt Dörte: *Denkt Pino jetzt an Sex? Stellt er sich Sex mit mir vor?*
Wenige Sekunden später bekommt Pino Juckreiz zwischen Hodensack und Anus. Er bemerkt, dass dieser Juckreiz durch einen Gedanken von Dörte ausgelöst wurde und fragt sie: „Was denkst du?"
Sie antwortet: „Ich habe Jucken an der Vagina und überlege, ob du an Sex denkst."
Pino erklärt ihr: „Ich dachte gerade an die Höhle, an der wir eben vorbeigegangen sind und ob du mit mir dort einmal übernachten würdest.

Gesäß

Bist du sauber da hinten?

Geschmack

Schmeckt dir das?
Schmeckt das gut?
Ist das, was du isst gut?
Schmeckt dir mein Essen?
Wird dir mein Essen wohl schmecken?

Während ein Mann in der Armenküche seine Suppe isst, beginnt plötzlich seine Geschmackswahrnehmung zu verschwinden. Sekunden später schmeckt er nichts mehr. Ein Bettler, der in der Warteschlange steht und ihn schon mehrere Sekunden angesehen hatte, fragt: „Schmeckt die Suppe heute?"

Siehe auch: Zunge.

Geschwür

Jemand hat seit langer Zeit eine brennende Frage an Sie.

Siehe auch: jeweiliger Körperteil.

Gesicht

Wie siehst du denn heute aus?

Wovon hast du so viele Pickel?

Benutzt du Creme dafür?

Was hast du denn mit deinem Gesicht gemacht?

Bist du geschminkt oder siehst du wirklich so gut aus?

Warum hast du so viele Falten im Gesicht?

Zeigst du mir dein wahres Gesicht?

Warum bist du so hässlich?

Was ist das denn für ein Gesichtsausdruck?

Siehe auch: Auge, Kinn, Mund, Nase, Ohr, Schläfe, Stirn, Wange.

Glied, männliches

Siehe: Penis.

Grimmdarm

Siehe: Bauch, Organe innere.

H

Hals

Was sagst du da?

Kannst du das nicht sagen?

Wie sprichst du denn?

Warum ist deine Stimme so komisch?

Was sagst du dazu?

Übst du deine Stimme?

Kannst du gut singen?

Martin ist mit seiner Freundin Manuela und deren Sohn in eine gemeinsame Wohnung gezogen. In Gedanken fragt sich Martin oft: *Was wird wohl Manuela dazu sagen, wenn ich das Essen mache? – Wenn ich sauber mache? – Wenn ich das Kind ins Bett bringe? – Wenn ich laut Musik höre? Bei jeder Frage* beginnt Manuela zeitgleich zu husten.

*

Anna und Peter wandern im Wald. Auf dem Weg kommt ihnen ein fremder Wanderer entgegen. Während Peter überlegt, ob Anna den Fremden grüßen wird, hat Anna Juckreiz an der linken Halshälfte, circa fünf Zentimeter unter dem Ohr.

Siehe auch: Kehlkopf, Nacken.

Hand

Was hält der da fest?

Ein junger Mann geht durch die Innenstadt und sieht dreißig Meter vor sich ein Kind, dass etwas in den Händen hält. Die Aufmerksamkeit des jungen Mannes ist geweckt. In seinem Kopf taucht die Frage auf: *Was hält der Junge da in den Händen?*
Er schaut genauer hin und erkennt beim Vorbeigehen, dass dieses Kind jetzt gerade beginnt, sich an der Hand zu kratzen.

Siehe: Finger, Handgelenk, Handrücken, Handteller, Handwurzelknochen.

Handgelenk

Schädigt das, was du da tust, nicht das Handgelenk?
Siehe auch: Finger, Hand.

Handrücken

Was machst du da?
Was tust du mit den Händen?
Wo hast du denn wieder deine Hände?
Was hältst du da fest?
Siehe auch: Finger, Handgelenk.

Handteller, rechts

Es ist wichtig, dass du das jetzt unbedingt tust.
Du musst das jetzt tun. Da führt kein Weg daran vorbei.
Schreib das jetzt bitte schnell auf.

Rudolf und Uschi sind mit dem Auto unterwegs. Während Uschi einige eigene Notizen macht, denkt Rudolf:
Gleich, wenn sie fertig ist, muss sie für mich die Navigationsdaten aufschreiben.
Das Notieren der Zahlen ist für Rudolf zwingend notwendig.
Uschi bekommt starkes Jucken (wie ein Insektenstich) im rechten Handteller.

Handwurzelknochen

Siehe: Hand, Handrücken.

Harnblase

Siehe: Bauch.

Harnröhre

Siehe: Penis, Vagina.

Haut

Ich liebe alles, was du bist.
Ich liebe dich ganz und gar.
Was machst du mit deiner Haut?
Warum ist deine Haut so …?
Ich liebe alles an dir.
Siehe auch: Neurodermitis.

Herz

Liebt er mich?
Ich liebe ihn so.
Was begehrt dein Herz?
Ich will dein Herz erobern.
Gehört dein Herz einem anderen?
Gehört dein Herz ganz und gar mir?
Wie geht es deinem Herzen?

Ich will, dass es deinem Herzen gut geht.
Bist du herzkrank?
Was hast du am Herzen?
Was hast du auf dem Herzen?
Wirst du mich jemals wieder lieben?
Hat dein Herz alles, was es braucht?
Braucht dein Herz etwas?

Alles, was mit Liebe und Herz zu tun hat.
Auch wenn jemand herzzerreißende Schlager hört und dabei an Sie denkt, kann es zu massivem Herzschmerz kommen.

Monique und Peter liegen gemeinsam im Bett und schmusen. Peter bekommt starken Herzschmerz. Nach kurzer Unterhaltung stellt er fest, dass Monique will, dass sein Herz ganz und gar ihr gehört.

Siehe auch: Brust links.

Hexenschuss

Siehe: Kreuz.

Hinterhaupt

Was willst du sehen?
Ist das hier dass, was du sehen willst?

Volker installiert den Computer seiner Freundin. Bei der Wahl des Bildschirmschoners ist er sich unsicher und überlegt: *Welchen Bildschirmschoner will sie wohl haben?*
Sekunden später bekommt die Freundin Kopfschmerzen. Der Schmerz ist dumpf drückend am Hinterkopf.

Hoden

Siehe: Hodensack.

Hodensack

Will er Sex?
Hat er dicke Eier?
Will er beim nächsten Besuch wieder Sex?
Hat ihm der Sex gefallen?

Sinngemäß alles, was mit Hoden, Hodensack, Sperma und Sex zu tun hat.

Beim Aussteigen aus dem Auto auf dem Parkplatz der Diskothek sagt ein junges Mädchen: „Hoffentlich sind heute ordentliche Kerle hier." Dabei schaut sie zu einer Gruppe junger Männer vor dem Eingang. Als sich einer von ihnen am Hoden kratzt, wendet sie sich angewidert ab, hält die Hand vor den Mund und sagt: „Igitt, ist der eklig."

Hörveränderung

Hoffentlich hört er mich nicht.

Robert und Julia sitzen auf ihrem Balkon eines Mehrfamilienhauses und plaudern. Plötzlich tritt bei beiden eine Hörveränderung im rechten Ohr auf. Robert hört schwer und dumpf und hat zusätzlich einen leisen „TV-Testbildton" im Ohr. Bei Julia ist es nur ein hohes Piepen.
Weil Robert eine Vermutung hat, sagt er betont laut: „Da wird wohl wieder jemand lauschen." Auf dem Nachbarbalkon, der durch

eine mattierte Glaswand vom eigenen Balkon abgetrennt ist, sind nun schnelle Schritte und eine zuklappende Balkontür zu hören. Sofort verschwindet die Hörveränderung bei Robert und Julia.

*

Kevin hört aus dem Kinderzimmer seines zehnjährigen Sohnes Tilo, der schon lange schlafen sollte, ein Geräusch. Im selben Augenblick verändert sich Kevins Hörwahrnehmung zu einer dumpfen Taubheit. Kevin geht in das Kinderzimmer und stellt Tilo wegen dem Geräusch zur Rede. Tilo sagt: „Ich dachte, du hast das heruntergefallene Auto gehört und würdest mit mir schimpfen, weil ich noch spiele."

Siehe auch: Ohr.

Hohlkreuz

Ich mache mir Sorgen um dich.
Dich kriege ich noch.
Siehe auch: Kreuz.

Hüften

Der kann das aber gut, von dem sollte ich mir eine Scheibe abschneiden.
Von dem sollten Sie sich eine Scheibe abschneiden.

Hüftgelenk

Willst du mit mir gehen?
Wo ist sie?
Wo ist er?

Vanessa ist mit ihrer Freundin in Berlin unterwegs. Sie weiß nicht, dass ihr Freund Philipp auch in Berlin ist. Nun kommt sie zufällig an seinem Auto vorbei und überlegt aufgeregt, wo er sich befindet. In der selben Sekunde, hundert Meter entfernt, fühlt Philipp im rechten Hüftgelenk einen stechenden, sein Bein lähmenden Schmerz.

Husten

Was hast du?
Bist du krank?
Was willst du jetzt sagen?
Was wirst du zu … sagen?

Warum sagst du nicht, dass du mich liebst?
Siehe auch: Brust, Hals.

I

Impotenz

Ich will, dass du mit mir schläfst.
Ich liebe deinen Penis.
Ich mag es, wenn du einen Orgasmus hast.
Ich will, dass du in mir drin bist.
Kriegst du einen Steifen?
Siehe auch: Frigidität, Penis, Vagina.

J

Juckreiz, überall

Ist das Herr …?
Ist das Frau …?
Was hast du gegen mich?
Was willst du gegen mich unternehmen?
Was bist du für einer?
Was treibst du so?
Wie ist der so?

Bei Referaten, Vorstellungsgesprächen oder Familienfeiern (bei denen Sie nicht anwesend sind), kann es dazu kommen, dass mehrere Menschen unterschiedliche Dinge von Ihnen wissen möchten. Das führt zu Juckreiz an verschiedenen Stellen des Körpers.

Timo besucht den Dalai Lama bei einem Vortrag in Hamburg. Leider bekommt er keinen Platz mehr, kann aber, vor der Veranstaltung, die Besucher und den Dalai Lama beobachten. Während die Besucher vor Beginn der Veranstaltung den Dalai Lama interessiert und nachdenklich beobachten, kratzt sich dieser an allen Körperteilen.

K

Kältegefühl

Dich mag ich ganz besonders.

Wenn Ihnen von „innen heraus" kalt ist und diese Kälte sich durch wärmende Kleidung nicht beseitigen lässt, dann gibt es jemanden, der Sie ganz besonders mag.

Siehe auch: Depression, Todessehnsucht.

Kehlkopf

Verschluck dich nicht.
Wenn du weiter so schlingst, verschluckst du dich noch.
Was ist denn mit deiner Stimme los?
Du hast aber eine gute Stimme.
So eine Sprache möchte ich auch haben.
Ich erwarte eine Antwort von dir.
Siehe auch: Hals, Organe innere.

Kindstod, plötzlich

Ich will unbedingt, dass du lebst.
Ich freu mich, dass du lebst.

Kitzler

Siehe: Vagina.

Knie

Warum tust du das?
Kann ich dir das antun?
Kann ich von ihm verlangen, dort hinzugehen?
Warum tue ich das mit ihm?
Warum habe ich das bloß mit ihr gemacht?
Hast du weiche Knie?
Siehe auch: Kniekehle.

Kniekehle

Warum tut der so etwas mit mir?

Lehrmeister A. ist hart und gerecht zu seinem Schüler. Der Schüler versteht wenig von dem was der Lehrmeister ihm beibringen möchte und fragt sich permanent: *Warum tut der so etwas mit mir?*
Nach mehreren Wochen bekommt der Lehrmeister eine Blutblase, von der Größe eines halben Golfballs, in der linken Kniekehle.

Kopf hinten

Siehe: Hinterhaupt.

Kopf, leer

Ich will, dass du Genaueres erzählst.
Ich möchte, dass du Folgendes denkst …
Ich möchte, dass du Folgendes tust …
Ich will von dir Folgendes hören …

Der leere Kopf/sprachlos sein/nach Worten suchend: Tritt auf, wenn eine Person möchte, dass Sie etwas sagen, was diese Person bereits schon weiss.
Diese Person möchte überprüfen ob Sie auch Bescheid wissen.

Kopf, oben

Peter denkt viel über sich und andere Menschen nach. Er baut dabei Gedankenverbindungen zu ihnen auf. Gleichzeitig hat er Kopfjuckreiz und starke Schuppen.

Julia schreibt ein Buch und nutzt dazu Ideen ihres Partners. Dieser hat am Kopf eine 1 mm hohe und 5 mm breite, oft juckende, Hautstelle. Als Julia einige Zeit später fertig mit dem Buch ist, endet das Jucken.

Kopf, oben rechts

Kannst du so schnell in den Computer tippen, wie ich spreche?

Sven möchte seiner Freundin, die Schreibmaschine schreiben kann, einen Text diktieren. Er überlegt: *Kann Sie so schnell schreiben wie ich spreche?* Seine Freundin bekommt ein starkes Stechen rechts oben auf dem Kopf.

Kopfhaut

Was denkst du gerade?
Was erlebt er wohl gerade?
Ach, war das schön damals.
Denkst du an mich?

Was gehen dir wohl für Gedanken im Kopf herum?
Grübelst du?
Bist du mit deinen Gedanken bei der Arbeit?
Hast du eine Haarwurzelkrankheit?
Hast du gute Ideen?
Welche Fähigkeiten hast du?
Kannst du …?

Kopfschmerzen

Die Sekretärin Frau W. arbeitet am Computer. Ihr Chef sitzt hinter ihr an seinem Schreibtisch. Kurz, nachdem Frau W. Kopfschmerzen über dem rechten Ohr spürt, erklärt ihr der Chef, welche Arbeiten noch zu erledigen sind. Der Schmerz verschwindet daraufhin sofort.

Siehe: Gehirn, Gesicht, Kopfhaut, Migräne, Nacken, Rücken.

Krebs

Jemand möchte seit langer Zeit etwas oder immer wieder dasselbe von Ihnen. Sie selbst haben seit langer Zeit Schmerzen und wollen den Schmerz möglichst schnell aus Ihrem Körper haben. Ihre Angst vor dem Schmerz verstärkt und intensiviert die Krankheit so lange, bis dass Immunsystem an dieser Stelle versagt. Erst dann bricht der Krebs aus.

Siehe auch: direkt bei dem betroffenen Körperteil.

Kreuz

Ich mache mir Sorgen um dich.
Ob er wohl genügend Geld hat?
Hat er genügend anzuziehen?
Was braucht er noch?
Ob es ihm gut geht?
Wird er sich melden, wenn er etwas braucht?
Er soll nicht so schnell arbeiten.
Ich will ihn zurückhalten.
Ja, es stimmt, ich hätte dir beistehen sollen.

Steffen hat jahrelang starke, zerrende Schmerzen im Kreuz. Seine Eltern, die dreihundert Kilometer entfernt wohnen, denken bei ihrem

Mittagsschläfchen über das Wohlergehen und die finanzielle Lage ihres Sohnes nach. Nachdem Steffen dies erkannt hat, streitet er sich heftig mit seinen Eltern und lässt so ihre Beziehung abbrechen. Steffens langjährige Schmerzen verschwinden ab diesem Tag ohne ersichtlichen Grund.

*

Joachim ist gegenüber seinem neuen Arbeitskollegen Sven väterlich fürsorglich.
Er will den neuen Arbeitskollegen gut einarbeiten. Zeitgleich hat Sven schwere Rückenschmerzen, die erst verschwinden, als er seinem Kollegen klar macht, dass er nicht mehr umsorgt werden will.

*

An einem Samstag werden Vera und Maximilian urplötzlich von überaus starken Rückenschmerzen geplagt. Die Schmerzen sind so stark, dass beide nur mit vorgebeugter Wirbelsäule laufen können. Während Vera die Ursache bei der neuen Bettmatratze sucht, vermutet Maximilian, dass sich jemand ungeheure Sorgen macht.

Am Sonntag finden sie einen Brief ihres Vermieters im Briefkasten. Dieser kündigt ihnen die Wohnung wegen Eigenbedarfs.
Bis zum Auszug aus der Wohnung, einen Monat später, haben beide besonders an den Wochenenden entsetzliche Rückenschmerzen. Dieser Schmerz war in der neuen Wohnung nicht mehr vorhanden.

Siehe auch: Nieren, Rücken oben.

L

Leber

Siehe: Bauch, Magen, Organe innere.

Lenden

Siehe: Hüften.

Lippen

Siehe: Mund.

Lippenherpes

Ekelst du dich nicht?
Siehe auch: Mund.

Lügen

Ich will das genau wissen.
Ich will auch fühlen, was du damals gefühlt hast.
Ich will alles von dir wissen.
Siehe auch: Angeberei.

Luftröhre

Siehe: Hals.

Lunge

Siehe: Atmung schwer, Brust, Erkältung, Herz, Magen, Organe innere.

M

Magen

Bist du satt?
Hast du genug gegessen?
Wie viel isst du denn noch?
Was passt denn noch alles in dich rein?
Wieso bist du so ein Fresssack?
Hast du endlich genug gegessen?
Platzt dein Magen denn nicht bald?
Warum musst du dauernd aufstoßen?
Geht es deinem Magen gut?
Was hast du am Magen?
Hast du überhaupt genügend Geld?
Wie kann ich ihn um sein Geld betrügen?
Wie kann ich ihm Geld abziehen?
Siehe: Bauch, Organe innere.

Mastdarm

Siehe: After, Bauch, Organe innere.

Migräne

Was sie wohl denkt?
Was denkt sie über …?
Wie denkt sie wohl über Sex?
Wird sie heute Sex mit mir machen?
Siehe auch: Kopf, Gehirn, Kopfschmerz.

Milz

Siehe: Bauch, Organe innere.

Mund

Was wirst du dazu sagen?
Was wird er wohl dazu sagen?
Was sagt die da?
Würdest du so etwas essen?
Was willst du sagen?
Ob er ... sagt?
Ich liebe diesen Mund.
Was wirst du wohl zu ... sagen?
So einen schönen Mund will ich auch haben.
Nimmst du ihn auch in den Mund?
Was hast du da Ekliges am Mund?
Siehe auch: Nase, Hals.

Muskeln

Ich will auch solche Muskeln haben.
Woher hat der denn solche Muskeln?
Ist er stärker als ich?
Schafft er es, das hier anzuheben?
Ist er stark?
Kann er mich beschützen?

Wie sehen seine Muskeln wohl aus?

Muttermund

Siehe: Gebärmutter, Vagina.

N

Nacken

Bist du hartnäckig?
Kannst du überhaupt etwas tragen?
Kann er die Verantwortung tragen?
Das musst du dir merken.

Nacken, rechte Seite

Ich will deine Telefonnummer.
Ich will Verbindung zu ihr.

Frau K. möchte ihrer Mutter nicht ihre neue Telefonnummer geben. Die Mutter will sie aber unbedingt. Im selben Augenblick hat Frau K. ein Stechen im Nacken auf der rechten Seite.

Nase

Warum ist deine Nase so …?

Was riechst du da?

Kannst du mich gut riechen?

Wo steckst du denn deine Nase überall hinein?

Ich kann dir an der Nasenspitze ansehen, ob du lügst.

Woher kommt dieses Schniefen?

Warum steckst du deine Nase da hinein?

Ich führe dich an der Nase herum.

Auch wenn jemand Sie geistig zu etwas hinlenken will, entsteht ein Schmerz an der Nase.

Nebenhoden

Siehe: Hodensack.

Neurodermitis

Alles an dir nervt.

Du nervst mich.

Ich liebe deine schöne Haut.

Wo ist die schöne Haut?

Warum hast du so schlechte Haut?

Selbstverständlich dachte jemand: *Ich liebe deine schöne Haut,* bevor Sie Neurodermitis bekommen haben. Als Sie Neurodermitis hatten, hat jemand begonnen sich davor zu ekeln und somit durch seine Energie die Neurodermitis verstärkt.

Nieren

Siehe: Kreuz, Organe innere, Rücken oben.

O

Oberarm

Bist du stärker als ich?

Werde ich bei einer Schlägerei gegen dich gewinnen?

Kann er mich beschützen?

Siehe auch: Arm.

Ohr

Warum kannst du nicht auf mich hören?

Lauschst du etwa?

Sperrst du deine Lauscher auf?

Hast du schon gehört, dass ... passiert ist?

Hast du schon das Neueste über ... gehört?

Hast du Segelohren?

Ob der Mann bei uns mithört?

Hört sie uns?

Hörst du nicht?

Darf ich dir ein Lied vorsingen?

Willst du ein Lied hören?

Was willst du hören?

Kannst du mich hören?

Bist du schwerhörig?

Hast du was an den Ohren?

Hast du was in den Ohren?

Hör dir das ruhig einmal richtig an.

Bist du taub?

Wie sehen denn deine Ohren aus?

Sind deine Ohren schmutzig?

Hast du Ohrenschmerzen?

Hörveränderungen treten auf, wenn Sie jemand belauscht oder wenn jemand ganz still sein möchte, um Sie nicht zu stören.

Organe, innere

Geht es deiner Lunge, Leber, Milz ... gut?

Macht Ihnen Ihr Herz, Nieren, Darm ... Probleme?

Ist Ihre Schilddrüse, Kehlkopf, Prostata wieder besser geworden?

Siehe auch: das betreffende Organ.

P

Panikattacken

Am Morgen des 19.03.2007 schreibt die Bildzeitung, dass der Tierschützer Frank Albrecht, den kleinen Eisbären Knut, im Berliner Zoo, töten lassen will. In der Zeit von 07:00 Uhr bis 12:30 Uhr hat sein Namensvetter drei Panikattacken und starke Angstgefühle. Erst am Nachmittag hört er von der Bildmeldung. Am Abend hatte er viele Besucher aus aller Welt auf seiner Website und eine Droh-E-Mail in seinem Postfach.

Penis

Hast du einen Harten?
Willst du Sex?
Kannst du lange?
Ich liebe harte Schwänze.
Wie sieht seiner wohl aus?
Wo mag er den wohl überall
drin gehabt haben?
Ob der groß ist?
Ob er wohl mit mir bumst?
Geht der jetzt pissen?
Pisst der da?
Wann macht er endlich sein
Pipi?
Der wird doch da nicht hin-
pissen?

Martin ist Beifahrer und döst
vor sich hin. Plötzlich spürt
er einen, tief in seinen Penis,
stechenden Schmerz. Er
fragt seine Freundin, die das
Auto fährt, was sie gerade
denkt. Nach kurzem Dialog
erinnert sich diese daran,
dass sie über Sex mit ihm
nachgedacht hat.

*

Ein Vater will, dass der Sohn
(8) sein Pipi vor dem zu Bett
gehen macht und nicht wie
sonst danach. Der Junge hat
plötzlich ein sehr starkes
Stechen im Penis, kann nicht
Pipi machen und weint.

Pickel

Du hast mir einen wirklich
guten Tipp gegeben, den
befolge ich.
Ich mache, was du sagst.
Ich halte mich genauestens
an das was du gesagt hast.
Woher hast du so viele
Pickel?
Warum hast du die Pickel?

Pickel entstehen auch, wenn
peinliche oder ungehörige
Fragen nicht gestellt oder
interessante Fragen längere
Zeit nicht beantwortet werden.
Pickel häufen sich, wenn
jemand über die Herkunft
Ihrer Pickel nachdenkt.

Siehe auch: Brust, Gesäß,
Oberarm, Wange, jeweiliger
Körperteil.

Prostata

Was fühlst du?
Fühlst du dich gut?
Kannst du noch?
Ist deine Prostata gesund?
Siehe auch: Bauch, Penis.

R

Regelschmerz

Was fühlst du für mich?
Hast du wieder deine Regel?
Fühlst du etwas?
Hast du Bauchweh?
Hast du Bauchkrämpfe?
Hast du Schmerzen bei der Regel?
Tut dein Bauch sehr weh?
Bist du schwanger?
Bekommst du ein Kind?

Ringfinger

Hat er einen Ring?
Ist sie verheiratet?

Ringfingerbeere

Während die Sekretärin ihr Büro betritt, spürt sie ein Stechen in die Ringfingerbeere. Sie sieht, dass der Chef ihr einige Texte auf den Tisch gelegt hat. Als er ihr erklärt, wie er sie geschrieben haben will, sticht es ihr wieder in die Ringfingerbeere.

Rippen

Wie kann ich ihn aufheitern?
Wie kann ich eine freundliche Arbeitsatmosphäre schaffen?
Wie kann ich erreichen, dass wir uns nicht streiten?

Joachim und Sven arbeiten in einer Abteilung. Joachim hat schlechte Erfahrung mit einem anderen Kollegen gemacht und ist nun besonders darauf bedacht, eine freundliche Arbeitsatmosphäre zu schaffen. Immer wieder versucht Joachim seinen Kollegen Sven, mit kleinen Witzeleien, aufzumuntern. Zu dieser Zeit hat Sven schwere, lang anhaltende Schmerzen im vorderen Teil der echten Rippen. Er beschreibt sie so: „Es ist wie ein Wundsein, als ob mich jemand permanent zu stark kitzelt."
Als Sven durch einen Streit verhindert, dass Joachim ihn aufheitert, verschwinden die Schmerzen. Sie tauchen kurzzeitig wieder auf, bis Sven in eine andere Abteilung versetzt wird.

Rücken, oben

Mit welchem Trick komme ich an dein Herz?

Was muss ich tun, um dein Herz zu erringen?

Was muss ich tun, damit du mir mit Herz und Seele folgst?

Hast du eine andere Liebe als mich?

Das musst du dir unbedingt merken.

Ich liebe es, wenn du endlich fortgehst.

Ein Mann steht im Supermarkt an der Käsetheke. Er fühlt plötzlich, auf dem Rücken in Herzhöhe, einen stechenden Schmerz. Als er sich instinktiv umdreht, entdeckt er eine Frau, die ihn interessiert anschaut. Als sie merkt, dass der Mann sie ansieht, dreht sie sich schnell weg. Der stechende Schmerz im Rücken des Mannes verschwindet.

*

Der Vater ist überarbeitet und liegt krank im Bett. Weil der Sohn den Vater beim Schlafen auf keinen Fall stören will, flüstert er mit der Mutter. Im selben Augenblick hat der Vater ein, im Sprechrhythmus des Sohnes, pulsierendes Stechen im Rücken.

*

Die Arbeitskollegen Joachim und Sven haben zusammen mit ihren Frauen Weihnachten gefeiert. Auf dem Weg nach Hause haben Sven und seine Frau starke Rückenschmerzen in Herzhöhe. Am nächsten Arbeitstag fragt Joachim sorgenvoll, ob denn Sven und seine Frau gut zu Hause angekommen seien.

*

Frau J. sitzt auf ihrem Balkon. Ihr Rücken beginnt, in Herzhöhe, zu jucken. Kurz darauf ruft ihr Sohn: „Mama, komm mal", weil er Schwierigkeiten bei den Hausaufgaben hat.

Eine Stunde später hat Frau J. wieder diesen Juckreiz im Rücken. Diesmal allerdings auf der linken Seite in Herzhöhe. Sekunden später kommt ihr Sohn und will mit ihr spielen.

Siehe auch: Kreuz, Nieren, Schulter.

S

Samenleiter

Siehe: Hodensack.

Schamlippen

Siehe: Vagina.

Scheide

Siehe: Vagina.

Schienbein

Der Frau würde ich gerne gegen das Schienbein treten. Siehe auch: Bein.

Schilddrüse

Siehe: Hals, Organe innere, Schultern.

Schläfe

Wie denkst du darüber?
Was denkt der wohl?

Frau B. kribbelt es unter dem linken Ohr, auf dem Kopf und auf der rechten Schläfe, während ihr Sohn (10) in seinem Zimmer spielt.
Kurz darauf kommt der Sohn und zeigt sein neu gebasteltes Spielzeug.
Er will eine Bewertung des Gebastelten.

Siehe auch: Kopfhaut.

Schlaflosigkeit

Wann schläft er endlich ein?
Ich will, dass sie endlich einschläft.
Ich hasse ihn unheimlich.
Ich erwarte ihn sehnsüchtig.

Schließmuskel

Du bist ein richtiges Arschloch.
Warum bist du so ein Arschloch?
Was hast du mir zu geben?
Ist dein Po sauber?
Juckt dein Poloch immer noch?
Was hast du am After?
Möchtest du gerne Analsex?
Hast du einen Knackarsch?

Hast du den Arsch offen?
Muss ich dir erst in den
Arsch kriechen?
Hast du Blei im Arsch?
Siehe auch: Damm.

Schmerz, bohrend

Jemand ist sich im Klaren
darüber, dass er eine sehr
wichtige Frage an Sie hat. Er
denkt an Sie und vermutet,
auf diese Art an eine
Antwort zu kommen.

Siehe: entsprechendes
Körperteil oder bei dem
Organ, das hinter/unter/
neben der entsprechenden
Hautstelle liegt.

Schmerz, gut lokalisierbar

Eine einzelne konkrete
Frage wird an Sie gestellt.

Siehe: entsprechendes
Körperteil oder bei dem
Organ, das hinter/unter/
neben der entsprechenden
Hautstelle liegt.

Schmerz, krabbelnd

Siehe: entsprechendes
Körperteil oder bei dem
Organ, das
hinter/unter/neben der entsprechenden Hautstelle liegt.

Schmerz, lang anhaltend

Jemand hat seit langer Zeit
eine unbeantwortete Frage
an Sie.

Siehe: entsprechendes
Körperteil oder bei dem
Organ, das hinter/unter/
neben der entsprechenden
Hautstelle liegt.

Schmerz, pickend

Siehe: entsprechendes
Körperteil oder bei dem
Organ, das unter/hinter/
neben der piekenden
Hautstelle liegt.

Schmerz, stechend

Das will ich jetzt ganz genau
wissen.

Frau F. fühlt am Samstag ein starkes Stechen in Herzhöhe im Rücken. Der Schmerz wandert langsam vom Rücken in den Brustbereich. Jedes Einatmen schmerzt. Ihr Sohn klagt ebenfalls über Herzschmerzen. Am Montag liest Frau F. ihre E-Mails und stellt fest, dass ihr Ex-Mann am Samstag geschrieben und sie gebeten hat, nicht böse zu sein, weil er ihr gemeinsames Kind am Wochenende nicht abholen könne. Nachdem Frau F. die E-Mail beantwortet, geht es ihr ein wenig besser. Nach einem klärenden Telefongespräch mit dem Ex-Mann sind die Schmerzen vollkommen verschwunden.

Siehe auch: entsprechendes Körperteil oder bei dem Organ, das unter/hinter/ neben der stechenden Hautstelle liegt.

Schmerz, wandernd

Wo genau tut es denn weh?

Der kleine Timo sagt, er hat Fieber. Seine Eltern vermuten, dass er die Krankheit vortäuscht, damit er sein Zimmer nicht aufräumen muss. Auf die Frage seines Vaters: „Wo genau tut es denn weh?" antwortet Timo: „Zuerst hier", dabei zeigt er auf seinen Brustbereich. „Jetzt wandert es aber in den Bauch." Der Vater merkt, dass er selbst durch seine Fragen, den Schmerz verursacht. Er lenkt sich durch andere Gedanken ab und entfernt sich vom Sohn. Der Schmerz verschwindet.

Siehe auch: entsprechendes Körperteil oder bei dem Organ, das hinter/unter/ neben der entsprechenden Hautstelle liegt.

Schritt

Siehe: Damm.

Schulter

Hast du Schulterschmerzen? Das musst du dir unbedingt merken.
Was hast du dir denn wieder aufgeladen?

Wie bekommt man ein so breites Kreuz?
Ich würde auch gerne so starke Schultern haben.
Siehe auch: Rücken oben.

Schwellkörper

Siehe: Penis.

Schwindelgefühl

Jemand versucht präzise Ihre Worte zu verwenden, um das zu erzählen, was er von Ihnen gehört hat (z. B. einen Witz).

Selbstmordgedanken

Alles an dir interessiert mich.
Ich will dir helfen.
Ich will, dass du lebst.
Du bist eine gute Seele.
Ich will auch ein so guter Geist sein.

Jemand liebt den Selbstmordgefährdeten über alles und findet ihn überaus nett/süß/lieb/freundlich.

Aus unersichtlichem Grund bekommt ein deutscher Mann tiefste Depressionen. Er liegt mit schwerem Herzen im Bett, zweifelt an seinem Verstand und will nur noch fort aus dieser sinnlosen Welt. Zwei Stunden später bekommt er die E-Mail einer Kanadierin, die sich intensiv mit seinen Ansichten beschäftigt. Die Kanadierin beendet die lange E-Mail mit den Worten: Mit allerliebsten Gruessen zu einem Mitmenschen, dem ich ein frohes Herz, einen gesunden Verstand, ein Lied auf den Lippen, Schwung im Schritt und viel Freude im taeglichen Leben wuensche. Love and Peace from Canada.
Anhand der Headerdaten erkennt der Mann, dass die E-Mail zur selben Zeit geschrieben wurde, als er die Depressionen hatte.

Siehe auch: Depression, Sterben, Todessehnsucht.

Speiseröhre

Siehe: Brust, Hals.

Sterben, dahinsiechend

Sie soll endlich sterben.
Ich wünsche ihr, dass sie es
hinter sich hat.
Ich will, dass sie endlich
stirbt.

Stirn

Ist er außersinnlich begabt?
Welche außersinnliche
Begabung hat er?
Nutz er seine außersinn-
lichen Begabungen?

T

Taille, links

Glaub mir doch!

Wenn jemand Sandra von
etwas überzeugen möchte,
juckt Sandras Taille an der
linken Seite.

Todessehnsucht

Ich will, dass sie lebt.
Ich liebe ihn so.

Was kann ich bloß für ihn
tun?
Was braucht er wirklich?
Ich liebe ihn über alles.
Ich mag seine ganze Art.
Er ist so nett und freundlich.
Ich würde auch gerne so sein.
So frei wie er will ich auch
sein.
Siehe auch: Depression,
Selbstmordgedanken.

Tumor

Siehe: das betroffene
Körperteil.

U

Unterarm, rechts

Ich will einerseits das du das
tust und andererseits das du
das nicht tust.

Marcel hat eine im Rhythmus
von fünf Mal pro Sekunde
juckende Stelle an der
Oberseite seines Unterarms.
Sechs Tage juckt diese Stelle
stundenweise. In diesen
Tagen entsteht eine kleine
Erhöhung auf der Haut. Sie

ist hautfarben und circa 1,5 mm im Durchmesser. Diese Stelle beginnt, innerhalb der nächsten drei Tage, bis auf 1 mm Höhe zu wachsen. Marcel sucht nun, mit aus Angst wachsender Motivation, eine Lösung. Nach mehreren Gesprächen mit seiner Freundin erfährt er:

1. Seine Freundin wollte seit Tagen, dass er ein umfangreiches Schriftstück liest und korrigiert.
2. Seine Freundin wollte NICHT, dass er das Schriftstück liest, weil er immer so heftig kritisiert.

Sie schwankte also ununterbrochen zwischen:

1. Er soll es lesen und
2. Ich lasse es ihn lieber nicht lesen.

Nachdem Marcel dies herausgefunden hat und die Situation klärte, verschwand der juckende Auswuchs innerhalb von drei Tagen vollkommen.

Unwohlsein, nervöses

Fabian blättert in der Zeitung, kratzt sich am Bart und überlegt, warum er sich so unwohl fühlt. Seine Freundin putzt zur gleichen Zeit das Badezimmer. Sie denkt: *Hoffentlich kommt Fabian nachher nicht wieder an und macht das Bad schmutzig. Beim letzten Mal hat er mit seinen Barthaaren alles verschmutzt.* Plötzlich fällt Fabian ein, dass seine Barthaare schuld an seinem Unwohlsein sein könnten und will sich rasieren. Als er seiner Freundin diesen Wunsch mitteilt, flippt diese vollkommen aus, schimpft und schreit: „Ich hab das genau gewusst."

V

Vagina

Bist du sauber?
Mit der würde ich auch gerne einmal.
Hast du da unten eine Krankheit?
Bist du feucht?

Warum will sie keinen Sex mit mir?

Ich freue mich riesig auf den Sex mit ihr.

Willst du Sex?

Wann machen wir beide wieder Sex?

Hast Du mit einem anderen Sexspiele gemacht?

Ich will dich bumsen.

Hat sie guten Sex mit ihrem Freund?

Ist die besser im Bett als ich?

Hat die regelmäßig Sex?

Würdest du mit mir Sex machen?

Fühlst du da unten was?

Warum fasst du dir in den Schritt?

Juckt deine Muschi?

Hast du Sex mit einem anderen?

Warum schläft sie nicht mehr mit mir?

Es war schön damals, mit ihr Sex zu machen.

Die Beziehung von Simone und Sascha steht vor ihrem Ende. Sascha überlegt oft, *warum schläft sie nicht mehr mit mir?* Zur selben Zeit entwickelt sich bei Simone etwa vier Zentimeter unterhalb der Vagina am rechten Oberschenkel ein zehn Cent großes Geschwür. Sechs Wochen vorher war an dieser Stelle nur ein kleiner juckender Mitesser. Nach operativer Entfernung des Geschwürs zerbricht die Beziehung.

Vorhaut

Siehe: Penis.

Vorsteherdrüse

Siehe: Bauch, Penis.

W

Wade, links

Kommst du nicht vorwärts?
Siehe auch: Bein.

Wange

Was wirst du wohl dazu sagen?
Was meinst du dazu?
Danke für den guten Tipp.
Das ist eine gute Idee.
Das mache ich gleich.

Ein Schüler besucht regelmäßig seinen Tai-Chi Lehrer. Der Schüler ist fasziniert vom Unterricht des Lehrers. Er nimmt jedes Wort für bare Münze und befolgt gewissenhaft die Anweisungen des Lehrers. Nach wenigen Wochen bekommt der Lehrer einen ungefähr 5 Eurocent großen Auswuchs auf der linken Wange.

*

Wenn Carsten einen Ratschlag seiner Frau gewissenhaft befolgt,
bekommt diese einen Eiterpickel auf der Wange, der monatelang zu sehen ist. Auch wenn Carstens Frau anderen Menschen Tipps gibt, bekommt sie manchmal einen Pickel, wobei der Pickel, wenige Minuten nach der Frage, immer an der Seite des Kopfes zu wachsen beginnt, an der der Fragende stand.

Z

Zähne

Bist du bissig?
Warum bist du so bissig/böse?
Wirst du mir wehtun?
Beißt du um dich?
Liebst du mich?
Bist du wütend?
Oh Gott, hoffentlich tut er mir nicht etwas an!
Hegst du Groll gegen mich?
Heckst du etwas gegen mich aus?

Zahnschmerzen

Siehe: Zähne.

Zeh

Sie gehört zur Familie. Sie sollte bei der Feier dabei sein. Sie ist unser Fleisch und Blut. Ich will, dass sie zu uns kommt.
Sie soll … tun. Schließlich ist sie meine Schwester.
Siehe auch: Fuß.

Zunge

Hast du ein Piercing?
Schmeckt dir mein Essen?
Hast du einen guten Geschmack?
Was hast du denn für einen Geschmack?
Wie schmeckt das?
Schmeckt das süß, sauer, bitter, scharf?
Sag mal, was ist das?
Sag mal …

Es ist Mitternacht und das Handy piepst einmal kurz. Zehn Sekunden später fragt Angelika verschlafen: „Was war das?"
Ihr Freund fühlt ein starkes Stechen auf der Zunge und nuschelt: „Piepen vom Handy. Die Batterie ist voll."
Nach weiteren zehn Sekunden verschwindet das Stechen auf seiner Zunge. Er steht auf, um das Erlebte niederzuschreiben. Sekunden danach, fühlt er erneut ein Stechen auf der Zunge. Er fragt Angelika, was sie denkt. Sie sagt: „Wie lange brauchst du noch? Beeil dich, die Mücken fliegen herein."
(Wegen Licht bei geöffnetem) Nach Beantwortung dieser Frage verschwindet das Stechen auf seiner Zunge..

Siehe auch: Geschmack.

Zwerchfell

Siehe: Bauch, Brust.

Zwölffingerdarm

Siehe: Bauch, Magen, Organe innere.

Die Regeln

Chakraverbindung

Wenn zwei Freunde aneinander denken, kann Folgendes passieren:

1. Bei einer sexuellen oder familiären Beziehung, tritt eher Genitaljuckreiz auf. (1. - 2. Chakra).
2. Haben beide eine gefühlsmäßige Verbindung treten eher Bauchschmerzen auf. (2. - 3. Chakra).
3. Ist ihre Verbindung eher herzlicher Natur, schmerzen Brust und Rückenbereich. (4. Chakra).
4. Ist die Verbindung eher kommunikativer Art, so juckt es bei beiden eher an Hals und Brust. (4. - 5. Chakra).
5. Bei einer rein intellektuellen Beziehung, haben beide verhältnismäßig oft Juckreiz am Kopf. (6. - 7. Chakra).

Entzündungsherd

Wenn Sie während einer Erkältung stärker auf Ihren Halsschmerz achten, dann sind Sie am Hals wesentlich empfänglicher für die Gedanken anderer. Jeder kleine Gedanke kann Sie dann zum Husten bringen. Ähnlich ist es bei Regelschmerzen, Pochen im Bein, bei einer Wunde oder einem Gipsarm.

Gier ist der Auslöser

Nur Fragen die mit Neid, Sehnsucht, haben wollen, also mit Gier verbunden sind, erzeugen Schmerz. Die in diesem Buch angeführten Gedanken sind nicht der Schmerzauslöser, sondern Schmerzlenker und Schmerzanzeiger. Das, was eigentlich den Schmerz bei einem Menschen auslöst, ist die fehlende Antwort im Gehirn des Fragenden. Das Interesse (weiter oben auch Neid, Sehnsucht, haben wollen und Gier genannt) des einen Menschen, erzeugt beim anderen den Schmerz. Die aufgeführten gedanklichen Fragen führen nicht zwangsläufig zu den genannten Schmerzen. Schmerzen sind nicht immer das Ergebnis der Gedanken anderer Menschen. Gedanken können auch ein Wohlgefühl erzeugen, wenn sie mit Energieüberfluss verbunden sind.

Illusion

Manchmal können Sie auch nur den Eindruck haben, Sie würden den Schmerz des anderen verursachen. Zum Beispiel wenn der andere Sie verdächtigt, dass Sie seinen Schmerz erzeugen. Genaues Beobachten der eigenen Gedanken und das Fühlen des eigenen Bauches beseitigt derartige Zustände.

Kleiner Unterschied

Für die Entdeckung einer Schmerzursache ist es wichtig, die eigentliche, wirkliche Frage zu kennen. Es kann vorkommen dass jemand eine Frage stellt, aber etwas ganz anderes wissen möchte.

Ein junger Mann hat Juckreiz an der Hand. Seine eifersüchtige Freundin ruft ihn kurz darauf an und fragt: „Wo bist du jetzt?"

Nun könnte man meinen, die Frage und der Juckreiz in diesem Bericht gehören nicht zusammen. Das ist aber falsch.

Denn in diesem Fall wollte die Freundin nicht wirklich wissen, wo er sich befindet, sondern was er gerade tut.

Lügen

Wenn Sie eine Frage haben und dem anderen Menschen vorgaukeln, Sie würden nicht an ihn denken, so hilft das genauso wenig, wie wenn Sie behaupten, der Schmerz sei von einem anderen erzeugt. Wenn Sie eine Frage haben, dann erzeugt diese Frage Schmerz. Dabei ist es vollkommen egal, ob Sie es leugnen oder zugeben. Ihr Ziel sollte es vielmehr sein, die Frage gleich auszusprechen oder über den Weg der Aufmerksamkeit Ihre Achtsamkeit bei sich selbst zu behalten. Achten Sie einfach auf Ihre Bewegungen oder fühlen Sie Ihren Bauch.

Rhetorische Fragen

Rein rhetorische Fragen erzeugen keinen Schmerz. Wenn jemand keine Antwort haben möchte, so erzeugt seine Frage auch keinen Schmerz. Das ist eine Ursache dafür, dass viele gedachte Fragen, keinen körperlichen Schmerz erzeugen.

Rückkopplungen

Vorsicht vor gedanklichen Rückkopplungen! Diese Gedanken beruhen aufeinander und verstärken sich gegenseitig.

Er denkt: *Was denkst du?* Sie bekommt nun Kopfschmerzen.
Als sie ihren Kopfschmerz bemerkt, denkt sie: *Was will er wieder fragen?*
Diese Frage erzeugt bei ihm wiederum Lippenkribbeln. Weil er Lippenkribbeln hat, denkt er: *Was will sie wissen?* Das wiederum erzeugt bei ihr Kopfschmerzen, usw.

Rhythmischer Schmerz

Wenn Sie Schmerzen haben, die im Rhythmus auftreten (zum Beispiel
2 Sek. Schmerz – 5 Sek. Schmerzlosigkeit – 2 Sek Schmerz usw. oder der Rhythmus ist 4 Sek. – 1 Min. – 4 Sek. – 1 Minute usw.), dann versucht möglicherweise jemand verzweifelt NICHT an Sie zu denken. Es gelingt ihm nicht, an etwas anderes zu denken.

Schadensgröße

Die Zeitdauer, über die eine Frage besteht, entscheidet über die Schwere der Immunsystemschädigung beim anderen Menschen. Unmittelbar nach der Schädigung des Immunsystems treten kleine Verhärtungen, Pickel, Rötungen, … oder Schmerzen auf.
Also: Je länger jemand eine Frage an Sie hat, desto größer der Schaden an Ihrem Körper.

Schmerzaustausch

Wenn Sie Angst vor einem anderen Menschen haben und *hoffentlich tut er mir nichts Schlimmes an* denken, so hat dieser andere Mensch Zahnschmerzen. Wenn Sie nun Ihren ganzen Mut zusammennehmen und dem anderen Angst einflößen, bekommen Sie selbst Zahnschmerzen, weil der andere nun Angst vor Ihnen hat. Bedenken Sie dieses Problem bei der Auflösung Ihrer Schmerzen.

Schmerzstärke

Die Stärke des Schmerzes im eigenen Körper ist proportional zur Dringlichkeit der Frage des anderen Menschen. Also: Je größer das Interesse, desto stärker der Schmerz.

Selbst Verantwortlich

Im Endeffekt sind Sie für Ihre Krankheit selbst verantwortlich.

Max erzählt seinem Vater von seinen Geldproblemen. Deshalb sorgt sich dieser nun um Max`s finanzielle Lage. Die Sorgen des Vaters führen bei Max zu Kreuzschmerzen.

Sensibilisierung

Durch dieses Buch werden Sie nicht für Schmerzen sensibilisiert. Es veranlasst Sie lediglich, Ihre Achtsamkeit mehr auf Ihren eigenen Körper zu lenken. Das wiederum kann dazu führen, dass Sie mehr Schmerz wahrnehmen. Dieser Schmerz war aber auch vor dem Lesen dieses Buches schon da. Jetzt erleben Sie ihn nur bewusster.

Sorgen

Werden Sie von jemandem liebevoll umsorgt, müssen Sie hart durchgreifen. Manche Menschen machen sich permanent Sorgen.

Wenn Gina hervorragend arbeitet, macht sich ihre

Freundin Sorgen um Beförderung und Karriere.
Wenn Gina schwer arbeitet, macht sich ihre Freundin Sorgen um Ginas Körper und Nerven.
Wenn Gina auf Arbeit faulenzt, macht sich ihre Freundin Sorgen um Ginas Arbeitsplatz. Wenn Gina arbeitslos ist, macht sich ihre Freundin Sorgen um Ginas Geld und Zukunft.

Egal, was Gina auch tut, ihre Freundin macht ihr mit ihren Sorgen Rückenschmerzen.

Timedelay

Timedelay wird die bei der Gedankenübertragung entstehende Zeitverzögerung genannt.
Das Timedelay setzt sich zusammen aus der Zeit:

1. Vom Auftauchen der Frage bei der ersten Person, bis zum Empfangen der Frage bei der zweiten Person.
2. Vom Empfangen der Frage, bis zum Wahrnehmen des Schmerzes bei der zweiten Person.

Die Länge des Timedelay liegt zwischen 0 Sekunden und mehreren Stunden und ist abhängig von verschiedenen Faktoren.
Das Timedelay kann durch Achtsamkeitstraining unter eine Minute verkürzt werden.

Das Timedelay kommt zustande, weil der Schmerz erst so stark werden muss, dass er die Wahrnehmungsschwelle der Person überschreitet. Die Wahrnehmungsschwelle ist hoch wenn man:
a) Schwer arbeitet.
b) Viel denkt.
c) Viel beschäftigt ist.
d) Probleme hat.
e) Unruhig ist.
f) Überfordert ist.
g) Viele Sinneseindrücke aufnehmen muss.

Die Wahrnehmungsschwelle ist niedrig wenn man:
a) Meditiert.
b) Viel Erfahrung mit Schmerz-Gedanken-Verbindungen hat.
c) Auf seinen Körper und seine Gedanken achtet.

d) Gedankenlos ist.
e) Ruhe hat.
f) Zeit hat.
g) Im Dunkeln sitzt.

Die Wahrnehmungsschwelle senkt sich selbstständig beim zur Ruhe kommen. So können während des Einschlafens Schmerzen und Gedanken wahrgenommen werden, die vorher gänzlich verdeckt waren.

Das Timedelay bewirkt auch, dass ein Schmerz immer noch auftritt, trotzdem der Schmerzverursacher nicht mehr an diese Person denkt.

Das Timedelay ist der Hauptgrund für den großen Unglauben im Bereich des Paranormalen. Die relativ große Zeitspanne zwischen Ursache und Wirkung bewirkt, dass ein normaler Mensch keinerlei Zusammenhang zwischen diesen beiden sehen kann. Man glaubt dann an Zufall und sucht andere Zusammenhänge. Personen hingegen, die dieses Gesetz verstanden und erlebt haben, machen einen großen Schritt zu mehr Verständnis des

Paranormalen.
Durch ungenaue Uhren, bei Sender oder Empfänger, kann es zu Pseudotimedelay kommen.

Vorstellungskraft

Auch wenn Sie keine Frage haben, sondern sich einfach nur vorstellen dass der andere etwas tut, dann hat dieser Juckreiz.

Jörg holt Brötchen vom Bäcker und stellt sich vor, wie seine Frau zur selben Zeit den Frühstückstisch deckt. Seine Frau hat zeitgleich ein heftiges Kitzeln und Jucken an der Fußsohle.

Wanderschmerz

Wenn Sie einmal gedanklich in eine juckende Hautstelle hineinfühlen und somit dort die Energie abziehen, dann kann es vorkommen, dass der Schmerz seinen Ort wechselt. Er kann zum Beispiel erst am Kopf, dann am Hals, wenig später an der Brust und anschließend am

Fuß auftreten. Das kommt durch die Veränderung der Fragestellung beim Schmerzverursacher. Er hat also eine Frage an Sie, durch Ihre Gegenaktion verliert er das Interesse an der Frage und sucht sich eine neue Frage. Das macht der Fragende so lange, bis er keine Energie mehr von Ihnen bekommt. Diesen Fall können Sie oft morgens kurz vor dem Aufstehen beobachten.

Auch wenn ein Geistheiler die Funktion Ihrer Chakras überprüft, kann es dazu kommen, dass ein Chakra nach dem anderen juckt.

Fazit

Es geht nur um Energie.

Weitere Bücher der Autoren

Frank Albrecht und Yasemin Iven

Schmerz - Gedanken

Tagebuch

Was Sie in dieses Schmerz-Gedanken Tagebuch eintragen:

- Datum und Uhrzeit
- Schmerzort
- Schmerzart
- Schmerzdauer
- Schmerzstärke
- Wetter
- Beseitigungsversuche
- Mechanische Auslöser
- Was und an wen habe ich gedacht
- Mit wem habe ich was gesprochen
- Wer will etwas von mir
- Situationsbeschreibung
- Ist danach etwas passiert
- Ursachenvermutung

Frank Albrecht

Es geht nur um Energie

Wenn es juckt und beißt, zieht und schmerzt, hat das viele Gründe. Oft können diese Phänomene jedoch zur Plage werden, obwohl sich keine objektiven Ursachen dafür finden lassen. Die Theorie, dass diese unerklärlichen Schmerzen durch gedankliche Botschaften bzw. Fragen anderer Personen ausgelöst werden, wird in diesem Buch vorgestellt. Gedanken wie "Was meinst du dazu?" oder "Was wirst du tun?" zum Beispiel führen bei der gemeinten Person zu Juckreiz am Kopf bis hin zu Kopfschmerzen. Auch wenn Menschen oft genau das machen, was den anderen stört, hängt das mit dem Austausch von Lebensenergie zwischen den Betreffenden zusammen. Diese Zusammenhänge werden hier erklärt und Möglichkeiten aufgezeigt, die gestellten "Fragen" zu erkennen und sich gegen die dadurch ausgelösten Schmerzen zu schützen.

Yasemin Iven

Mina Zinkgraf

und der schwarze Marduk

Stress mit dem Bruderherz und die Ferien stehen vor der Tür - wäre es nicht toll, wenn man da zaubern könnte? Deshalb will Mina die Magie erforschen und dafür muss sie unbedingt zu Opi, der einen ganz besonderen Spiegel hat. Der Spiegel ist tatsächlich der Eingang zu einer anderen, unbekannten Welt und Mina stürzt ahnungslos genau in dieses merkwürdige Land. Dort gibt es nicht nur neue Freunde, mit denen Mina durch dick und dünn gehen kann, sondern auch ausgesprochen üble Gesellen, die Gedanken absaugen und ihre Opfer ziemlich fertig machen. Dabei hinterlassen sie eine Schneise der Zerstörung - logo, da muss ganz dringend eine Heldin her, die das Problem endlich löst. Am Schluss weiß Mina, dass sie mehr kann als sie anfangs dachte, aber so geht es ja oft im Leben: Man wächst mit seinen Aufgaben. Und da Mina nun weiß, wie stark sie sein kann, ist das mit dem Bruderherz auch nicht mehr so schlimm …

Frank Albrecht und Yasemin Iven

Auraschutz heute

Ein Arbeitsbuch

Frank Albrecht und Yasemin Iven

Auraschutz heute

Ein Arbeitsbuch

- Schutz vor schmerzauslösenden Gedanken
- unangenehmen Situationen vorbeugen
- maximaler emotionaler Schutz

Edition – Es geht nur um Energie

Energievampire und andere böse Geister lachen über brennende Pentagramme. Durch Krauter und Heilsteinen lassen sie sich nicht mehr vertreiben. Sie sind diesen althergebrachten Techniken längst überlegen. Die neuen Energievampire nutzen Hochtechnologie.

In diesem Arbeitsbuch für Fortgeschrittene wird eine effektive Technik erarbeitet und zur Verfügung gestellt, mit der man sich gegen Energievampire und Angst einflößende Menschen wehren kann.